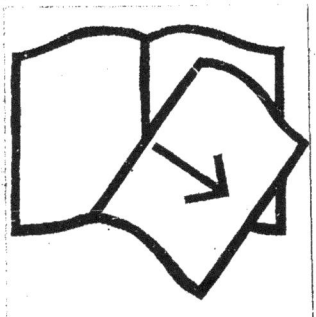

Couverture inférieure manquante

Début d'une série de documents en couleur

SOCIÉTÉ
DES SCIENCES NATURELLES
ET
Archéologiques de la Creuse.

TOME IV. — 2ᵉ BULLETIN.

GUÉRET,
IMPRIMERIE DUGENEST, RUE DU MARCHÉ, Nº 3.

1873.

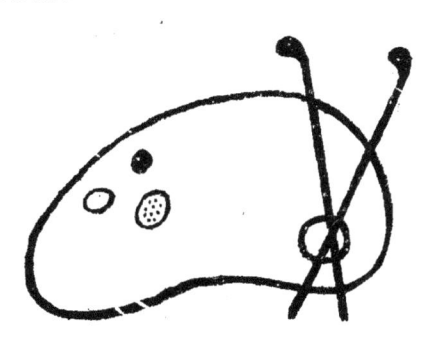

Fin d'une série de documents en couleur

LE PASSAGE

DE

L'ARMÉE ALLEMANDE

DU

DUC DE DEUX-PONTS

DANS LA MARCHE ET DANS LE LIMOUSIN,

EN 1569[1].

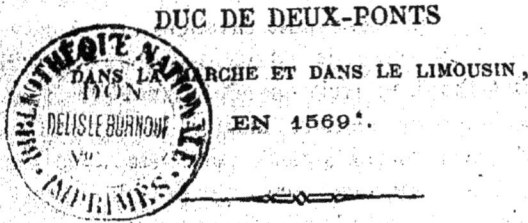

Parmi les faits militaires que présente l'histoire des guerres de religion, l'expédition du duc de Deux-Ponts mérite d'occuper une place importante. La note sur *le Camp de Lignaux*[1], que j'ai publiée en 1869, contient à ce sujet quelques détails que des recherches nouvelles m'ont permis de compléter. Les traces du passage de l'armée allemande du duc de Deux-Ponts sont nombreuses dans la Marche et dans le Limousin et j'ai pensé qu'il n'était pas sans intérêt de recueillir ces souvenirs.

Je n'ai pas à rappeler les causes de la guerre de 1568 à 1569. Après la paix de Longjumeau qui, bien loin de résoudre la question de la liberté comme l'entendaient les protestants, ne devait servir qu'à masquer les embûches dressées contre leurs principaux chefs par Catherine de Médicis, de part et d'autre on s'était préparé à la guerre. Des chevaux, du canon et un prêt de cent mille écus avaient été demandés à la reine Elisabeth par les chefs des réformés français, et, au reçu de cette somme, le duc de Deux-Ponts avait promis de

---

* Ce mémoire a été lu à la Sorbonne à la réunion des délégués des Sociétés savantes, au mois d'avril 1878.

[1] *Le camp de Lignaux et le passage de l'armée du duc de Deux-Ponts, dans la Marche*, en 1569, Guéret, veuve Betoulle, 1869, in-8, 12 p.

se mettre en marche avec six mille chevaux, trente enseignes de gens de pied, vingt canons de batterie et douze pièces de campagne. On voit, par une lettre écrite de Niort par Henry Champerdowne, beau-frère de Montgommery, capitaine de cent volontaires anglais, que de ce côté les protestants n'attendaient pas moins de dix-sept mille cavaliers avec trente-deux bouches à feu[1]. Wolgang de Bavière, duc de Deux-Ponts, prince du Saint-Empire, avait en effet franchi le Rhin dans les premiers jours de février, malgré la rigueur exceptionnelle de l'hiver, en publiant un manifeste dans lequel il déclarait qu'il n'avait pris les armes que pour la défense de la liberté religieuse, et qu'il n'obéissait à aucune vue d'ambition politique. Nous avons vu si souvent les envahisseurs renouveler les mêmes protestations qu'ils s'empressaient d'oublier lorsque la victoire couronnait leurs tentatives, qu'il nous est difficile de dire *à priori* si le duc de Deux-Ponts eût su mieux résister à l'enivrement du succès, et s'il faut voir dans sa déclaration autre chose qu'une formule diplomatique.

Lors d'une revue passée à Hochfeld, au bailliage de Haguenau, l'armée du duc de Deux-Ponts se trouva composée de six mille reîtres, sept mille six cents chevaux, avec une grande quantité de bagages. Guillaume de Nassau, prince d'Orange, Louis et Henri, ses frères, le vinrent rejoindre, dit Mézeray, avec quelques compagnies de cavalerie et quinze ou vingt capitaines du Dauphiné qui avaient recueilli six cents chevaux et huit cents arquebusiers auprès de Strasbourg. On peut évaluer à plus de trente mille hommes l'effectif de l'armée du duc de Deux-Ponts[2]. « Ledict sieur duc, lisons-nous dans une lettre collective des chefs réformés, en date du 18 avril 1569, a 10,000 reistres et 8,000 lansquenets, oultre 2,500 chevaulx, ou 5 ou 6,000 harquebouziers françois et 20 pièces de batterie, 50 milliers de poudre, des boulletz et autres munitions à l'équipollent. M. le prince d'Orange et son frère, le

---

[1] *Histoire des princes de Condé*, t. II, p. 45.

[2] *Histoire de S. Martial*, troisième partie, p. 788. — *Histoire de l'Aquitaine*, t. II, p. 448 et 449.

duc Ludovic de Nassau, se sont jointz avec ledit sieur duc, ayant de belles forces et en attendant encore de plus grandes[1]. »

A la tête de cette armée, le duc de Deux-Ponts, ayant pour lieutenant général Wolfrad de Mansfeld, était parti de Saverne le dernier de février en évitant le duc d'Aumale qui s'était porté à sa rencontre. Catherine de Médicis avec sa cour s'était elle-même établie à Metz, afin de surveiller de plus près les opérations. Tournant alors au sud, les Allemands avaient pris la route de Montbelliard, se dirigeant sur la Bourgogne, harcelés par d'Aumale et par Nemours qui ne purent s'entendre pour l'arrêter aux passages de la Saonne et de la rivière de Nuits. Restait la grande barrière de la Loire, regardée comme infranchissable, grâce aux postes nombreux qui la couvraient. D'Aumale lui-même s'était porté en avant dans le but d'écraser l'ennemi sur la Loire avec le renfort de deux mille hommes que le duc d'Anjou devait lui amener à Gien. Ce plan fut encore déjoué par le duc de Deux-Ponts qui, le 10 mai, passait la Loire au gué de Pouilli, et le 20, s'emparait de La Charité. Au mépris de la capitulation, la ville fut abandonnée au pillage. « On arrêta seulement, dit le P. Daniel, le carnage qu'ils commençaient à faire des habitants dont il n'y eut pas plus de cent de tués. » On voit par là ce qu'on pouvait attendre de pareils ennemis.

A cette nouvelle, la reine-mère qui était à Orléans, s'était hâtée de se rapprocher du centre des opérations, afin de ranimer par sa présence le courage des troupes ; à Argenton-sur-Creuse, elle avait rejoint le duc d'Anjou. Pendant ce temps-là le duc de Deux-Ponts avait traversé rapidement le Berri pour opérer sa jonction avec l'amiral de Coligni qui marchait à sa rencontre. Comme partout, le passage de l'armée allemande fut signalé dans le Berri par d'horribles dévastations. Les églises des paroisses, dit M. Raynal, étaient mises au pillage ; l'abbaye de Chalivoy fut rendue inhabitable, la maison abbatiale de Puyferrand incendiée et détruite. Les religieuses du

---

[1] *Histoire des princes de Condé*, t. II, p. 406.

prieuré d'Orsan réduites à s'enfuir dans les bois, allèrent demander asile au château du Châtelet. L'église d'Orsan, le cloître et tous les bâtiments du monastère furent livrés aux flammes [1].

Au moment où le duc de Deux-Ponts arrivait au Blanc, le duc d'Anjou venait d'établir son camp entre Preuilli et Le Blanc. « Aumale et Nemours, dit M. Henri Martin, rejoignirent Anjou aux bords de la Creuse. Les protestants allemands, inférieurs de moitié aux armées d'Anjou et d'Aumale réunies, s'étaient hâtés de continuer leur route par le Limousin : le duc d'Anjou se mit à leur poursuite. Par deux fois la cavalerie allemande de l'armée royale refusa de charger les réformés allemands : les reîtres du duc d'Anjou déclarèrent qu'ils ne pouvaient combattre à jeun. L'armée catholique mourait de faim dans ce pays peu fertile et déjà ravagé par les protestants ; elle était à son tour en proie à l'indiscipline : gens d'armes et fantassins s'en allaient par bandes sans congé. Le 9 juin, l'armée de secours força le passage de la Vienne à quelques lieues de la source de cette rivière et, le 10, elle opéra sa jonction près de Châlus avec les bataillons de Coligni, après avoir exécuté, presque sans perte, une marche de cent lieues en pays ennemi. La joie de cette réunion inespérée fut troublée par un double malheur : d'Andelot venait de mourir à Saintes, le 27 mai, le duc de Deux-Ponts mourut le 14 juin [2], le lendemain de la jonction... Les protestants attribuèrent au poison ces deux morts si regrettables pour leur cause. »

Le récit de M. Henri Martin présente plus d'une inexactitude, et il n'est pas inutile de le contrôler au moyen des mé-

---

[1] *Histoire du Berri*, t. IV. p. 91.

[2] Il faut lire évidemment *le 11 juin*, puisque, d'après M. Henri Martin, la mort du prince allemand eut lieu le lendemain de la jonction des deux armées.

Mézeray recule la mort du duc de Deux-Ponts jusqu'au 18 juin. M. de Verneilh et l'auteur de l'*Aperçu sur la campagne de 1569*, publié dans le tome V des *Bulletins de la Société archéologique et historique du Limousin*, enfin M. Roy de Pierrefitte, dans l'article sur Aubepierre, ont commis la même erreur.

moires contemporains. Il résulte d'abord des *Mémoires de Tavannes* que le duc d'Anjou n'avait pu encore opérer complétement sa jonction avec Aumale et Nemours lorsqu'il entra dans le Limousin, dans la crainte que l'indiscipline de leurs soldats n'entraînât ses propres troupes qui déjà commençaient à l'abandonner. Le *Journal* de Pierre de Jarrige [1] nous apprend que le duc d'Anjou et sa mère avaient passé par Saint-Gaultier, Argenton et Saint-Benoît-du-Sault. C'est à La Souterraine, d'après Tavannes, que les reîtres refusèrent pour la première fois de combattre. « On entra, dit-il, dans le pays stérile du Limousin, sans avoir le temps d'y dresser nul magasin; par lequel pays les ennemis qui avaient déjà séjourné marchaient à grandes journées; et on vint les joindre à La Souterraine où, par l'excuse que trouvèrent nos reistres sur les vivres, l'on ne peut combattre, et on marcha avec la faim jour et nuit jusques au Petit-Limoges [2], où ils furent encore ratteints, et firent les reistres le même refus. »

Quoique la guerre n'ait assurément rien de commun avec les recherches archéologiques, je ne puis m'empêcher de mentionner ici la découverte qui, d'après une note, dont l'écriture paraît remonter au siècle dernier, aurait signalé le passage du duc d'Anjou et de Catherine de Médicis à La Souterraine. Cette note intitulée *Copie d'un ancien manuscrit sans date, trouvé aux archives de M. le vicomte de Rochechouart et dans les papiers de la vicomté de Bridiers*, est ainsi conçue :

« Dans les fondements de ladite ville de La Souterraine se
« trouve une inscription écrite en lettres anciennes sur une
« pierre fort dure, rompue par moitié et transportée en deux
« divers endroits, laquelle ne se pouvait lire ni assembler,
« jusqu'à ce que feu M. Merlin, sieur de Rancy, maître des
« requêtes, passant en ladite ville avec feu M. le duc d'Anjou

---

[1] Des fragments de ce journal ont été publiés par M. Leymarié dans la première livraison du *Limousin historique*. M. Bosvieux en a donné des extraits plus étendus dans le *Bulletin de la Société archéologique historique du Limousin*, t. II, p. 39-47.

[2] Couzeix, canton nord de Limoges, à 6 kilomètres de cette ville.

« et la reine sa mère, à la suite de l'armée du duc des Deux-
« Ponts et de l'amiral, en l'an 1569, en laissa des copies dans
« un ancien manuscrit fait par un moine de l'abbaye de
« Grandmont, distante de sept lieues de ladite ville, com-
« posée en latin fort grossier[1]. »

Malheureusement la suite de cette note, au lieu de nous fournir le texte de cette précieuse inscription, ne contient qu'un résumé des faits relatifs à la ville de La Souterraine, extrait de la chronique de Geoffroi de Vigeois.

De La Souterraine, il paraît que le duc d'Anjou, qui se bornait à observer la marche de l'ennemi, s'était rendu à Saint-Pardoux[2]. C'est là qu'il reçut la lettre des consuls de Limoges qui, effrayés de l'approche du duc de Deux-Ponts, le suppliaient de venir au secours de la ville. Le duc d'Anjou arrivé au bourg de Couzeix la veille de la Fête-Dieu, c'est-à-dire le 8 juin, y reçut les clefs de la ville de Limoges que les consuls vinrent lui apporter[3]. C'est à Couzeix, d'après Tavannes, que les reîtres refusèrent pour la seconde fois de combattre. Une lettre de Catherine de Médicis, datée de Limoges, le 12 juin 1569, et adressée à Charles IX, nous fournit à ce sujet quelques détails : « Les reistres ont refusé de marcher le jour de la Fête-Dieu (9 juin), ce qui est cause qu'on n'a pas obtenu la victoire qui eust mis fin à la guerre civile, le duc de Deux-Ponts estant réduit en un lieu d'où il ne pouvoit sortir sans estre deffait avant que d'estre joint avec l'amiral. On a mandé toutes les troupes pour s'opposer à la jonction des ennemis avec le duc Casimir qui leur amène des Alemans. Il est nécessaire de reprendre la Charité[4]. »

Le duc d'Anjou, en partant de La Souterraine, avait suivi la

---

[1] Copie communiquée par M. Ernest Montaudon, maire de La Souterraine, membre du Conseil général de la Creuse.

[2] Canton de Bessines, arrondissement de Bellac (Haute-Vienne).

[3] *Annales manuscrites de Limoges*, p. 351.

[4] L'analyse de cette lettre extraite d'un Catalogue d'autographes vendus à Londres au mois de juin 1870 est publiée dans la *Bibliothèque de l'École des Chartes*, t. XXXI, année 1870, p. 386.

route la plus directe pour venir au secours de Limoges. Le duc de Deux-Ponts, au contraire, obliquant sensiblement à droite, avait suivi un chemin détourné, dans le but d'éviter une rencontre avec l'armée catholique avant d'avoir opéré sa jonction avec Coligni. L'armée allemande fit ainsi près d'une vingtaine de lieues à travers le territoire qui forme aujourd'hui le département de la Creuse. Parmi les points de ce département qui paraissent avoir servi d'étapes au duc de Deux-Ponts et dont aucun ne pouvait lui opposer de résistance, on peut citer Méasnes et Lourdoueix-Saint-Pierre, Saint-Sulpice-le-Dunois, La Souterraine, Le Grand-Bourg, Bénévent et Saint-Martin-Sainte-Catherine, localités qui toutes sont situées dans la direction générale du nord au sud suivant laquelle opérait l'armée allemande. Le duc de Deux-Ponts entra sur le territoire actuel du département de la Haute-Vienne, en franchissant le Thorion, au gué de la Salesse, près de Saint-Pierre-de-Chargnac, paroisse réunie aujourd'hui à Saint-Martin-Sainte Catherine.

« Le jour de la Feste-Dieu, dit le P. Bonaventure de Saint-Amable, Monsieur vient voir sa mère : et on fut averti que le duc allemand voulait passer la Vienne; c'est pourquoi on envoya des enfants perdus [1] au gué de la Saillesse, lesquels furent battus par des troupes qui avoient déjà passé la rivière un peu plus haut par la conduite d'un paisan que le sieur Chargnac leur avait baillé. »

Au bruit de l'approche des Allemands, et de l'armée conduite par Coligni, le comte des Cars, gouverneur du Limousin, s'était enfui honteusement de son château des Cars, situé de l'autre côté de Nexon. Le capitaine Massès, son lieutenant, avait, au contraire, fait preuve de courage en se portant en avant avec quelques compagnies, tant de cheval que de pied, et en allant attendre l'ennemi à Saint-Léonard, à peu de distance de la Vienne, afin de défendre le passage de cette ri-

---

« [1] Les enfants perdus sont les plus assurés et les plus résolus au combat, » dit l'auteur de la *Vraie histoire des troubles depuis 1562*, f° 62.

vière. Le duc de Deux-Ponts réussit néanmoins à traverser la Vienne, non pas, comme le dit M. Henri Martin, à quelques lieues de sa source (ce qui l'aurait fait dévier beaucoup trop à l'ouest, cette rivière prenant naissance, ainsi que la Creuse, au plateau des Mille-Vache, à une quinzaine de lieues de Limoges), mais à Saint-Priest-Thorion. Le témoignage du chroniqueur limousin, Pierre de Jarrige, est formel à ce sujet.

Le 9 juin, le duc de Deux-Ponts eut à soutenir, près de Limoges, comme on le voit par la lettre de Catherine de Médicis, et par les Mémoires de Tavannes, cités plus haut, un combat contre l'armée du duc d'Anjou dont les reîtres refusèrent de charger. Le même jour Coligni, ayant passé la Vienne au gué de Verthamont, à deux lieues environ au-dessous de Limoges, arrivait à Châlus. Le duc de Deux-Ponts marchant rapidement à sa rencontre atteignit Nexon le 11 juin. L'amiral, qui s'était établi au château des Cars, à quelques kilomètres de là, s'empressa d'aller pour le recevoir avec plusieurs capitaines de l'armée; « mais l'onziesme, dit Castelnau, il le trouva mort ayant longtemps auparavant esté travaillé d'une fièvre quarte, ensuite de laquelle une fièvre continue lui fit perdre l'espérance de venir à chef de son dessein encommencé, lequel il exhorta tous les chefs de son armée de suivre avec la mesme résolution qu'il quittait la lumière du jour pour jouir de celle du ciel. »

Pierre de l'Estoile est plus explicite sur les causes de cette mort subite : « Le onze juin, dit-il, le duc des Deux-Ponts passa de ce siècle en l'autre... Saisy d'une fièvre chaude causée d'avoir trop bu et d'avoir trop fait karoux [1] avec les François, pour la joye qu'il avoit de les avoir joints et être venu à bout de son entreprise, de laquelle fièvre il mourut : pourquoi fut fait sur sa mort le distique suivant :

> Pons superavit aquas, superarunt pocula Pontem
> Febre tremens perit qui tremor orbis erat.

Le chroniqueur limousin Pierre de Jarrige raconte égale-

---

[1] *Carrousse,* partie de boire, de l'allemand *garaus.*

ment que l'amiral étant allé pour recevoir le duc de Deux-Ponts, le 11 juin, « l'auroit trouvé mort, que lui seroit grandement fascheux, mesme que la mort auroit esté plus prompte et plus soudaine qu'on ne cuidoit, car bientôt après qu'il fust arrivé en la maison de maistre François Hébrard [1] et bu par trois fois par plein verre, un tremblement de membres l'auroit saisi, tellement que, sans le laisser, bientôt après seroit décédé. » Les auteurs de l'*Art de vérifier les dates*, dans l'article consacré aux ducs de Deux-Ponts, complètent ces détails en ajoutant que le prince allemand fut surpris par la mort le 11 juin « pour s'être enivré du vin d'Avalon dont il avait emporté 200 bouteilles, après avoir brûlé les faubourgs de cette ville. »

La perte du duc de Deux-Ponts, mort prématurément à l'âge de quarante-trois ans, au moment même où il allait recueillir les fruits de cette pénible expédition, fut sentie par tous les protestants. Cette mort, coïncidant avec celle de d'Andelot, eut une influence décisive sur l'issue de cette campagne. Les hommes compétents s'accordent à reconnaître que cette expédition, en raison des difficultés qu'elle présentait, de l'audace avec laquelle elle fut entreprise, du courage et de la rapidité avec lesquels elle fut conduite, mérite d'être comparée aux faits d'armes les plus merveilleux des annales militaires : La Noue n'hésite pas à la mettre en parallèle avec celle d'Annibal. Le corps du duc de Deux-Ponts, transporté à Angoulême, puis à La Rochelle, fut à la paix, en 1571, rapporté en Allemagne, à Meynsenheim, et inhumé dans le tombeau des ducs de Deux-Ponts. Ses entrailles furent enterrées à Nexon, et on lui éleva un monument funéraire qui se voit encore en dehors d'un ancien cimetière de Nexon et dont M. de Verneilh a donné une description détaillée.

Après la mort du duc de Deux-Ponts, auquel son lieutenant, le comte de Mansfeld succéda dans le commandement

---

[1] Il existe dans la commune de Nexon un hameau appelé le Moulin-Hébras.

des troupes allemandes, « l'amirail, dit le P. Bonaventure de Saint-Amable, délogeant de Chaluz, s'empara de la ville d'Aixe, et Monsieur, sortant du Petit-Limoges, vint camper à Isle, où ses gens de premier abord mirent le feu aux faubourgs d'Aixe. Les hérétiques des troupes de l'amirail et du duc de Deux-Ponts se retirèrent du costé de Saint-Junien, et Monsieur, sortant d'Isle, les poursuivit et vint à la Rochelabeille, qui est à cinq lieues de Limoges, où il y eut une rude escarmouche : plusieurs y furent tuez, et entre autres le sieur de Masset, lieutenant du comte des Cars, gouverneur du Limousin [1]. »

Après avoir exposé les principaux faits militaires relatifs à cette campagne qui ont eu la Marche et le Limousin pour théâtre, il nous reste à faire connaître les souvenirs locaux qui attestent le passage du duc de Deux-Ponts à travers ce pays.

On sait quelle était l'indiscipline des gens de guerre au XVIe siècle. Les soldats étrangers, les reîtres surtout, se montraient particulièrement avides et féroces. « Où ils se logeaient, dit Claude Haton, ils ne faisaient que chercher et fouiller en terre ès logis, jardins, cours, fumiers, pour trouver butin, et tout ce qu'ils trouvaient caché et non caché était à eux, et n'y avait personne qui y pût donner ordre ou qui voulût... Ils mettaient le feu aux maisons, et tuaient et massacraient toutes personnes qui leur résistaient. » On a vu plus haut comment les Allemands s'étaient conduits à la prise de la Charité. Tels ils se montraient à peu près partout, comme le prouvent les faits exposés par M. de La Barre du Parcq dans son mémoire sur l'*Art militaire pendant les guerres de religion* [2].

---

[1] L'auteur de l'article sur l'histoire de Limoges inséré dans le *Guide de l'Étranger* (Limoges, Martial Ardant frères, 1865, in-12), prétend ridiculement que le duc de Deux-Ponts fut tué à Nexon à la suite du combat de la Roche-l'Abeille.

[2] Séances et travaux de l'Académie des sciences morales et politiques, quatrième série, t. XVII, p. 106.

Si nous reprenons, en remontant vers le nord, la route suivie par le duc de Deux-Ponts à travers le département de la Creuse et indiquée plus haut, nous trouvons d'abord que son passage à Bénévent fut marqué par le pillage et par l'incendie. Deux enquêtes dont les extraits furent produits en 1686 par Pellisson, membre de l'Académie française, abbé commendataire de Bénévent, dans un procès qu'il soutenait contre les habitants au sujet du droit de directe appartenant à l'abbaye, nous fournissent à cet égard des renseignements positifs.

« Aujourd'huy vingt neufviesme de décembre 1569, par devant nous Guilhaume Daignon, licencié en droict, juge ordinaire de la chastellenie de Montaigut, se sont comparus en leurs personnes frère Marc... religieux et sindiq des autres religieux de l'abbaye de Benavent, et frère Léonard Bernard, aussy religieux et curé de la ville et parroisse dudit Benavent, lesquels avec nous ont dit et remonstré qu'il leur est grand besoingt et nécessaire faire nottorietté et attestation des bruslements, murtres, sacagements, volleries et aultres injures et degats, faicts et commis par les gens de guerre qui ont passé et logé despuis un an en ça en ladite abbaye et ville et faubourg et parroisse de ladite abbaye de Benavent, nous ont esté à tesmoins Marc Thouraud, marchand dudit Benavent, Léonard Marchandon, aussy marchand dudit Benavent, et plusieurs autres, lesquels tesmoins disent que certains personnages à eux incognus vindrent en la ville et fauxbourgts dudit Benavent, et enlevèrent les bources et argent des habitants dudit Benavent; plus autres tesmoins divers qui disent qu'ils tourmentèrent grandement [lesdits habitants], et de partie eurent renson et partie des autres escarterent et se sauverent. Outre ce, lesdits gens de guerre coupèrent et firent manger à leurs chevaux les orges, seigles et avoines qui encore n'étoient murs et au travers d'iceux, tellement que la plus part des prés et bleds furent mengés et gastés sur leurs appartenances; mirent le feu et bruslèrent entièrement ladite abbaye, chambres des religieux d'icelle, les églises dudit Benavent, ville et faubourgts et semblablement les villages de la Betoulle, Sigoulet et Souyet et autres.

« Signé pour extraict etc. »

« Extraict de l'enqueste de l'incendie de l'abbaye de Benavent.

« Aujourd'huy 13e jour du mois de mars 1608, elle est composée de Me Léonard Giraud notaire et praticien, Jacques de la Bussière, marchand de la présente ville, Pierre Jabelly l'aisné, mareschal, Me Jean Delages, notaire royal, Barthelemy Lalidongatas, aussi marchand de la présente ville, messire Guilhaume Balion, prestre de la présente ville, Pierre Foucaut, marchand, sire François Marchandon, marchand, maistre Léonard Gondon et autres, lesquelles disent que ledit seigneur abbé de Benavent est seigneur foncier et direct de dix huict à dix neuf villages ; disent de plus qu'en l'année 1568 ladite abbaye de Benavent furent brulés par le campement du duc des Deux-Ponts, et que le chasteau de Chambaraux furent prins par le sieur de Pérusse. Ladite enqueste signée Moureau, adjoinct et greffier commis. »

Il n'est pas sans intérêt au point de vue de l'histoire et de l'archéologie de faire connaître que l'abbaye de Bénévent a été incendiée, au moins en partie, en 1569. Ce fait est d'autant plus important à signaler qu'on n'en trouve aucune mention dans la notice sur l'abbaye de Bénévent par M. Roy de Pierrefitte, publiée en 1858. La même lacune existe dans les manuscrits de Nadaud et de Legros, la moitié des pages consacrées à Bénévent ayant été enlevée : c'est ce qui explique comment M. de Pierrefitte qui n'a guère puisé à d'autres sources a omis de mentionner cet événement.

En passant par le Grand-Bourg-de-Salagnac, les troupes du duc de Deux-Ponts commirent également plusieurs actes de vandalisme ; ils brûlèrent, dit Joulliettton « les titres et les papiers qui étaient dans le trésor de l'église, ce fait fut constaté par une enquête dont l'original était naguère entre les mains de M. Jupile de Boisverd, maire du Grand-Bourg[1]. »

[1] *Histoire de la Marche*, t. I, p. 325.

La ville de La Souterraine dut également avoir beaucoup à souffrir, ainsi que les paroisses voisines, du passage de l'armée protestante et de l'armée catholique ; mais nous ne possédons aucun renseignement positif à cet égard. Au nord de La Souterraine, dans la commune de Saint-Sulpice-le-Dunois, on nous signale l'incendie du château de La Barde et le saccagement du château de Souvolle [1].

La première localité que les Allemands avaient rencontrée en entrant sur le territoire du département de la Creuse était la paroisse de Méasnes, dans laquelle était située l'abbaye d'Aubepierre : cette abbaye était une proie désignée d'avance à l'avidité et au fanatisme de ces bandes indisciplinées. Après avoir pillé la maison, ils mirent le feu aux titres et papiers qu'on avait enfermés dans un coffre dans l'église même, dont ils firent crouler la voûte. En 1582, quand Pierre de Laige fut nommé abbé commendataire, « il ne restait que des vestiges des murs de l'église ; il n'y avait point de cloîtres, plus de granges ni d'autres édifices. L'armée du duc des Deux-Ponts avoit pourtant épargné le réfectoire, une ou deux chambres et la salle du chapitre. » La vie même des religieux ne fut pas épargnée. Les soldats, dit dom de La Celle, « firent noyer, selon la tradition, les religieux dans l'étang de la Porte. Michel de la Charpagne, pour lors abbé, fut contraint de se retirer au château du Pleix-Jolliet, d'où il étoit. »

Une enquête faite le 28 juillet 1603, en l'auditoire royal de la ville de Guéret, pardevant Me Jehan Guillerot, licencié ès lois, enquêteur pour le roi en la sénéchaussée de la Marche, à la demande de Pierre de Laige, abbé commendataire d'Aubepierre, au sujet d'un procès relatif à la terre du Bouchet, nous fournit à ce sujet des renseignements positifs. Quatre témoins furent entendus. Le premier, « Jehan Delestang, charretier, demeurant à la mesterye du Bouchet, de la paroisse de Méasne, eagé de cinquante ans ou environ,

---

[1] En faisant des fouilles autour de son habitation, M. Dubreuil de Souvolle a trouvé des boulets de canon dont un pesant 3 kilos et demi, diverses ferraille et quelques pièces de monnaies. Ces renseignements m'ont été fournies par M. Dubreuil de Souvolle.

dict que c'est chose notouaire que l'abbaye d'Aubepierre fut bruslée il y a trente quatre ou cincq ans et lorsque l'armée des huguenotz, conduits par le duc des Deux-Ponts, passa par le pais de la Marche ; au moyen de quoy ladicte abbaye fust ruynée entièrement, et par ce, croit que la plus part des antiens tiltres et documents d'icelle furent perdus, etc. »
Les trois autres témoins entendus rapportent les mêmes faits presque dans les mêmes termes.

Il est juste d'ajouter que l'état déplorable dans lequel se trouvait l'abbaye d'Aubepierre lorsque Pierre de Laige en prit possession, ne doit pas être uniquement imputé au vandalisme des huguenots, et que la responsabilité en retombe en partie sur les abbés commendataires eux-mêmes. C'est ce qui est mis hors de doute par le mandement adressé par le roi Charles IX au sénéchal du Bourbonnais, le 20 septembre 1565, dont je crois devoir donner ici un extrait :

« Charles, par la grâce de Dieu, roy de France, au seneschal de Bourbonnois ou son lieutenant et gens tenans le siege presidial établi en notre ville de Moulins, salut et dilection.

« Notre cher et bien-aimé Gabriel de la Marche, sieur de Puy-Guillon, audit pays de la Marche, nous a et à notre privé conseil fait remontrer que, par devotion, ses predecesseurs ont fait plusieurs belles fondations en l'abbaye d'Aubepierre, de l'ordre de saint Bernard, pays de la Marche, de laquelle messire Michel de la Charpagne, serviteur domestique du sieur de L'Age Fresselines, assis près de ladite abbaye, se dit titulaire, encore qu'il n'en soit que gardien et seculier, d'autant que ledit sieur de L'Age jouit et perçoit le revenu d'icelle comme de son propre patrimoine, sous le nom dudict de la Charpagne et, sous ce prétexte, laisse ruiner, perir et gaster les édifices de laditte abbaye, ayant depuis peu demoli le bastiment d'une aumosnerie qui etoit en icelle abbaye, des pierres de laquelle demolition ils ont fait édifier la maison dudit chastel de L'Age, et outre a fait coupper la quantité de trois à quatre mil pieds d'arbres ès forests de laditte abbaye et les deppenses qui en sont provenues appliquées à leur particulier profit, avec plusieurs alliénations et ventes qu'ils ont faittes des rentes et villages qui étoient du domaine d'icelle abbaye, jusqu'à la somme de quatre mil à cinq mil livres, non compris aultre somme de deux mil livres ou environ qu'ils auroient pratiquée et emboursée à la derniere vente du temporel de ladite abbaye faitte par nos officiers en la senechaussée de la ditte Marche, chose qui ne doit estre tollerée ny soufferte, nous requerant humblement le dict suppliant et notre conseil privé que, par tels sinistres moyens, luy et ses successeurs ne soient par succession de temps frustrés de la devotion qu'ils ont à esperer par le moyen de la ditte aumosne, et que nous sommes fondateurs de la ditte abbayé, qu'il nous plaise sur ce luy pourvoir de notre provision nécessaire. Pourquoy nous, considerées ces choses, nous mandons et tres-expressement enjoignons par les presentes vues, informiez et faictes informer bien et deuement de et sur ces choses susdictes et autres qui plus à plain vous seront baillées, etc.

« Donné à...... le vingtième de septembre, l'an de grâce mil cinq cents soixante et cinq, et de notre regne le cinquieme.

« Par le Roy en son conseil. Le Roy. »

(*Copie des titres d'Aubepierre*, p. 204-205, Arch. de la Creuse, série H.)

On remarque dans la commune de Lourdoueix-Saint-Pierre (canton de Bonnat, arr. de Guéret), au lieu dit le *Fossé-de-Châtres*, section de Lignaux, au milieu d'un plateau assez élevé, une enceinte rectangulaire, connue sous le nom de *Camp de César*. On sait que c'est sous ce nom que sont généralement désignés les anciens camps appartenant soit à l'époque gauloise, soit à l'époque romaine, soit au moyen âge. Trois Camps de César sont mentionnés dans le *Mémoire sur les monuments celtiques et gallo-romains de la Creuse*, de M. Bonnafoux, conservateur de la Bibliothèque publique de Guéret, à savoir : à Lourdoueix-Saint-Pierre, à Lafat et à Manoux. Sans parler des camps de Bridiers, de Monmoulard, de Féniers, de Saint-Marc-à-Frongier et du Grand-Bourg, on peut citer dans le département de la Creuse deux autres Camps de César, l'un dans la commune de Saint-Eloy (canton de Pontarion, arr. de Bourganeuf), au puy du Mont-Pigeot, dont les remparts en terre s'élèvent à une vingtaine de pieds environ ; l'autre, dans la commune de Villard, à gauche de la route d'Angoulême à Nevers (n° 151 bis), à peu de distance du *Trou-de-l'Enfer*. A gauche de cette route, entre la Creuse et le ruisseau de l'Aroux-le-Vieux, s'élève une côte très-rapide et hérissée de rochers, nommée la *Côte-des-Mottes*. Sur le sommet, on remarque trois monticules paraissant faits de main d'homme, assez élevés, de forme ronde, à égale distance les uns des autres. Le propriétaire de ce terrain y a découvert, il y a quelques années, des murs en pierres appareillées et un puits ou citerne. A une petite distance de ces trois *tumuli*, en suivant la même direction, on trouve une autre élévation de terrain présentant une surface assez étendue, et beaucoup plus haute que les précédentes. Cet endroit porte le nom de Camp de César ou de Camp romain.

Le camp de Lignaux forme un rectangle présentant un hectare 17, 20 de superficie, et 112 mèt. de long sur 90 de large. En 1859, son *agger* avait encore 2 mèt. 50 cent. de hauteur, en moyenne ; le fossé, comblé en partie, 8 mèt. de largeur. Ce camp, comme on le voit, par son étendue et par son état de conservation, présente un certain intérêt. Le nom de Camp de César et celui de Fossé-des-Châtres est un argument en faveur de l'antiquité de cette enceinte. M. Bonnafoux n'en a pas moins exprimé quelques doutes à ce sujet, fondés sur ce fait que, dans le camp de Lignaux, on a découvert un casque en fer et une armure du moyen âge. Dans le camp de Monmoulard on a également déterré un boulet de canon.

La remarque de M. Bonnafoux est d'autant plus précieuse que celle découverte d'armes du moyen âge à Lignaux, peut servir de pièce à l'appui d'un fait qui ne nous est signalé que par une simple note insérée par Dom de La Celle en tête de la *Copie des titres de l'abbaye royale d'Aubepierre* dans la liste chronologique des abbés.

REMARQUE : « L'an mil cinq cent soixante et neuf, l'armée
« du duc des Deux-Ponts passant par cette province se fortifia
« au camp de Ligneau et Aubepierre, pilla cette abbaye. La
« majeure partie des tiltres et papiers furent consumés par le
« feu que les soldats mirent à la maison; firent noyer, selon
« la tradition, les relligieux dans l'étang de la Porte, etc. »
Il ressort de cette note que les Allemands campèrent à Lignaux en 1569. Au reste, il n'est pas surprenant que, tandis qu'il livrait au pillage l'abbaye d'Aubepierre, le duc de Deux--Ponts ait choisi la plaine de Lignaux pour y faire camper une partie de son armée. Cette pratique était générale au XVI° siècle. « Il étoit nécessaire, écrit Tavannes en 1569, de faire l'assiette du camp à la plaine le plus que l'on pourrait, pour être faibles d'arquebuserie et forts de gens de cheval. » De ce que le duc de Deux-Ponts a campé à Lignaux, on ne saurait toutefois conclure que ce camp ne remonte pas à l'époque romaine. Il est naturel, en effet, que tout point présentant une certaine importance stratégique soit utilisé toutes les fois que des armées sont appelées à opérer dans la même direction. Lourdoueix-Saint-Pierre présente plusieurs vestiges d'antiquités : tout près de là, au château de Lavaud, on a découvert des poteries gallo-romaines. Enfin, c'est dans cette direction qu'il faudrait chercher la voie romaine qui, d'après Barailon, passait par Aigurande et par Néris.

Louis DUVAL,
Archiviste du département de la Creuse.

MADEMOISELLE DE MONTPENSIER
A SAINT-GERMAIN-BEAUPRÉ.

(Réfutation d'une erreur historique.)

Pour les historiens, qui ont écrit l'histoire de notre province, l'exil et le séjour de mademoiselle de Montpensier au château de Saint-Germain-Beaupré, *après les guerres de la Fronde*, ne sauraient faire l'objet d'un doute. Sur ce point, ils sont tous aussi affirmatifs qu'il est possible de l'être.

Joullietton [1] met ce souvenir au nombre de ceux qui jettent un certain lustre poétique sur l'histoire du noble manoir et il ne manque pas de nous parler du vaste étang qui l'avoisine, où Mademoiselle, pour charmer les ennuis de sa longue captivité, s'amusait à distribuer du pain aux carpes qui venaient au son de la cloche.

M. P. Ratier précise la date (21 *octobre* 1652), *de l'ordre royal* [2] *qui exilait et fixait pour résidence*, à Louise de Montpensier, le château de Saint-Germain. Il nous décrit les appartements qu'elle habitait, le balcon d'où elle jetait du pain aux carpes des fossés, les sites de la forêt où la noble exilée allait promener ses rêveries et, sans doute aussi, faire de sérieux commentaires sur le *væ victis*. Il va jusqu'à nous montrer un hameau dont le nom doit perpétuer, en ces lieux, le souvenir de la grande Mademoiselle.

Plus tard [3] l'historien de Saint-Germain-Beaupré a légèrement modifié sa version: « cet exil, dit-il, où elle devait « expier de graves étourderies, ne fut pas trop sévère; elle « ne fut pas astreinte à l'*unique séjour de Saint-Fargeau*. Il

---

[1] Histoire de la Marche.
[2] Album historique de la Creuse.
[3] Le château de Saint-Germain-Beaupré; les Foucaud. 1862.

www.ingramcontent.com/pod-product-compliance
Lightning Source LLC
Chambersburg PA
CBHW061958070426
42450CB00009BB/2082